Grace Ledden, MA, BCBA

Regarde comme je m'épanouis quand je me fais de nouveaux amis

Regarde comme je m'épanouis quand je me fais de nouveaux amis

Une histoire d'adaptation pour les enfants autistes sur la façon de gérer leurs émotions, de pratiquer leurs compétences sociales et d'établir des liens significatifs.

Écrit par Grace Ledden, MA, BCBA
Illustré par CyAn Platas

Édition brochée ISBN :   978-1-962410-14-4
Édition numérique ISBN :   978-1-962410-15-1

Publié par Daily Bloom LLC - Tennessee, USA

www.mydailybloom.com

À toutes les familles qui suivent le chemin unique de l'autisme.

Ce livre vous est dédié, en reconnaissance du parcours que vous entreprenez chaque jour. Puisse-t-il vous rappeler que vous êtes vues, que vous êtes aimées et que vous n'êtes pas seules. À la vie extraordinaire que vous menez et aux histoires que vous continuez d'écrire chaque jour.

Ce livre appartient à

Coucou, je m'appelle Olivia. J'ai cinq ans et j'adore lire des livres sur les chats, compter tout ce que je vois et dessiner les drapeaux du monde.

Je suis un peu différente des autres enfants de mon âge. Je suis autiste, ce qui me rend unique, mais fait aussi que j'ai du mal à me faire des amis.

Un jour, j'étais au terrain de jeu en train d'observer les autres enfants jouer et s'amuser. J'avais vraiment envie de les rejoindre, mais j'étais trop timide. La nervosité me paralysait.

Mes mains se sont mises à trembler. Mon coeur battait aussi vite qu'un tambour. J'avais peur de m'approcher d'eux. Des larmes ont commencé à couler le long de mes joues, tandis que je restais là, derrière les buissons, submergée par mes grands émotions. Je ne savais pas quoi faire.

Soudain, j'ai entendu un bruissement dans les buissons, puis une flopée d'étincelles chatoyantes s'est manifestée, révélant une gnome aux cheveux blonds, aux grands yeux bleus, coiffée d'un chapeau rouge pointu.

"Salut, Olivia !" s'est-elle exclamée. "Je m'appelle Rosie et je suis ta Bloom Buddy."

Je ne savais pas trop quoi lui dire. J'étais à la fois surprise et bouleversée. Je n'avais jamais rencontré de Bloom Buddy auparavant.

"Olivia," dit Rosie, en remarquant mes grandes émotions. "Est-ce que ça va ? Tu m'as l'air contrariée. Pourquoi ne vas-tu pas jouer avec les autres enfants ?"

"Je suis trop timide et effrayée," ai-je répondu. "Je ne sais pas comment me faire des amis."

Rosie m'a souri. "C'est normal d'être timide et effrayée, Olivia. Ça m'arrive aussi de me sentir comme ça. Se faire des amis est certes un peu effrayant, mais c'est aussi très amusant. Je sais que tu peux le faire, et je suis là pour t'aider !"

"Quand je veux devenir amie avec d'autres Bloom Buddies et que je me sens nerveuse, j'imagine que je suis entourée d'une bulle. Dans cette bulle, je me sens courageuse, en sécurité et confiante. Je l'appelle ma "bulle de bravoure". Je ferme les yeux et j'imagine que je suis à l'intérieur de cette immense bulle qui me rend intrépide. Je compte jusqu'à trois, puis j'ouvre les yeux. Je vais te montrer."

Rosie a fermé les yeux et n'a plus bougé pendant trois longues secondes. Puis elle les a rouverts.

"Elle transforme toutes mes grandes émotions de nervosité et de timidité en de toutes petites émotions, et me donne du courage," a expliqué Rosie . "C'est ainsi que j'arrive à me dire : 'Je suis courageuse. Je peux le faire. J'ai la confiance qu'il faut pour me présenter aux autres et leur demander leur nom.'"

"Est-ce que ça marche aussi pour les gens ?" a demandé Rosie. "Ou seulement pour les Bloom Buddies ?"

"Ça marche pour tout le monde, Olivia ! Il te suffit de t'imaginer à l'intérieur d'une bulle de bravoure et de dire : 'Salut, je m'appelle Olivia. Et toi, comment tu t'appelles ?'... Allez, viens, on s'entraîne," m'a proposé Rosie.

Je me suis imaginée à l'intérieur d'une bulle de bravoure et j'ai compté jusqu'à trois, tout comme Rosie l'avait fait. Ça a marché ! Je me sentais habitée d'un tel courage que j'étais prête à me présenter.

"Salut, je m'appelle Olivia. Et toi, comment tu t'appelles ?" ai-je demandé, la bulle de bravoure me gardant courageuse et forte.

"Moi, c'est Sofia," a-t-elle répondu avec un sourire. "Ça te dirait de sauter à la corde et de compter avec moi ? "

"Oh oui !" me suis-je écriée. "Sauter et compter sont mes activités préférées !"

Nous avons sauté à tour de rôle pendant que l'autre comptait les sauts. C'était AMUSANT de se faire une nouvelle amie au terrain de jeu qui aimait compter et sauter à la corde, tout comme moi !

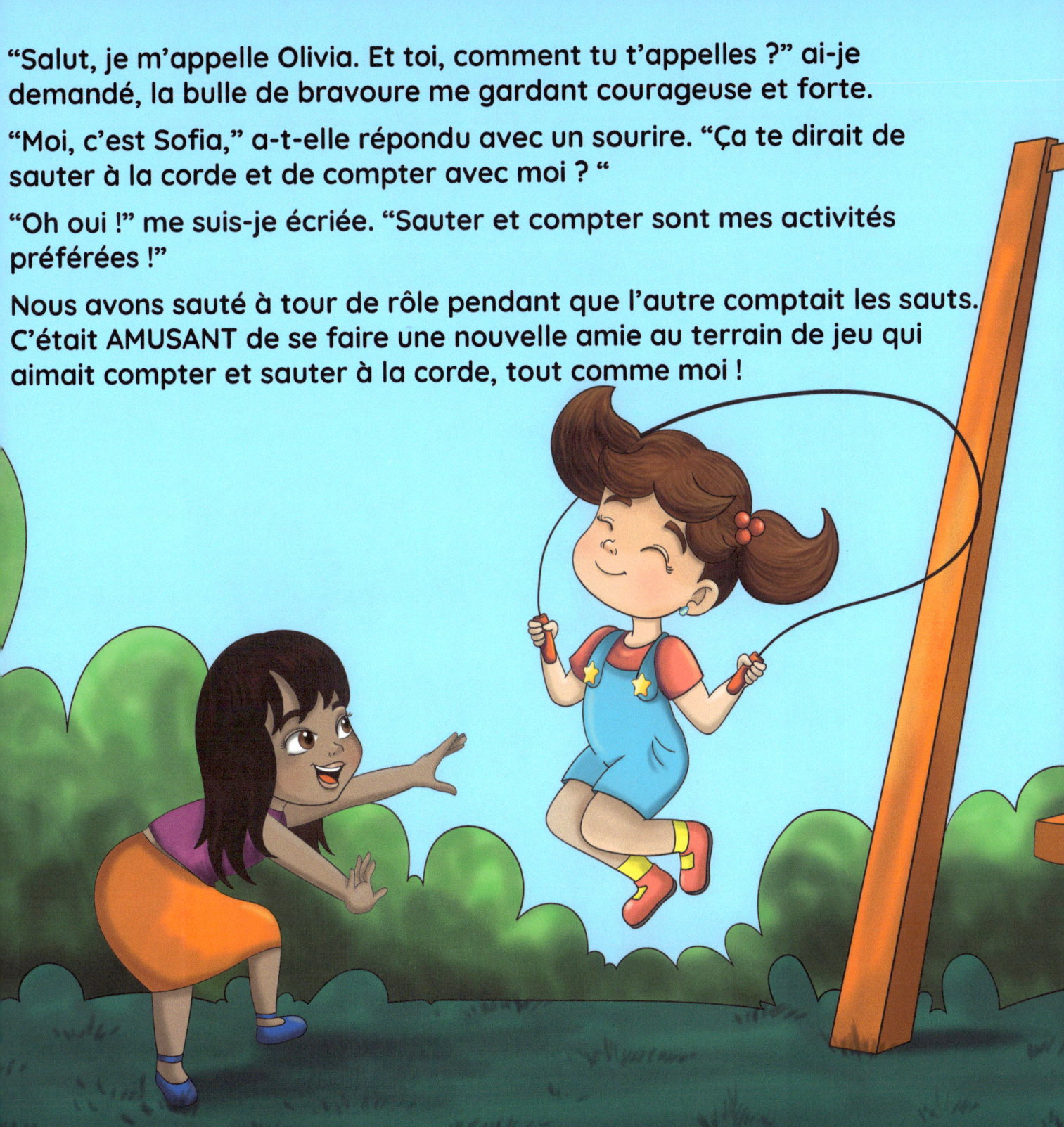

"Bon travail, Olivia !" a dit Rosie. "Souviens-toi que c'est normal de se sentir timide et nerveuse. Si tu as besoin de moi, pense à moi et je viendrai t'aider."

Sur ce, Rosie a disparu dans une floppée d'étincelles chatoyantes.

Le jour suivant, je suis retournée au terrain de jeu pour m'amuser avec ma nouvelle amie Sofia. En arrivant, j'ai vu qu'elle jouait au foot avec un groupe d'enfants. J'adore le foot, mais jouer avec un groupe d'enfants que je ne connais pas me faisait peur. J'avais vraiment envie de les rejoindre, mais il y avait trop de nouveaux enfants. Je sentais la nervosité et la timidité m'envahir.

Mes mains se sont de nouveau mises à trembler, et mes joues sont devenues aussi brûlantes que le soleil. Alors que je m'apprêtais à faire demi-tour pour rentrer chez moi, j'ai senti une tape sur mon épaule.

"Salut, Olivia. Est-ce que ça va ?" m'a demandé Rosie. "Tu m'as l'air effrayée et nerveuse à l'idée de jouer au foot avec un groupe d'enfants que tu ne connais pas. C'est normal d'être effrayée. Tu te souviens de ce que je t'ai appris ? Tu peux te présenter et dire : 'Est-ce que je peux jouer avec vous ?' Tu veux essayer ?"

J'ai fermé les yeux et imaginé la bulle de bravoure. J'ai compté jusqu'à trois, puis j'ai rouvert les yeux. Je me suis approchée de Sofia et de ses amis et j'ai dit : "Bonjour, je m'appelle Olivia. Est-ce que je peux jouer avec vous ?"

"Salut, Olivia !" ont clamé les enfants à l'unisson. "Bien sûr ! Un joueur de plus ne sera pas de trop !"

Ils m'ont invitée à rejoindre la partie et, par chance, je me suis retrouvée dans l'équipe de Sofia !

"Olivia !" s'est exclamée Sofia. "Comme je suis contente que tu sois venue jouer au foot avec mes amis et moi. Tu vas voir, on va bien s'amuser !"

Et effectivement, la partie de foot était géniale. On formait un super duo avec Sofia. On a même marqué deux buts !

"Beau travail, Olivia !" m'a félicitée Rosie. "Souviens-toi que c'est normal de se sentir timide et nerveuse. Exprime-toi par tes mots pour te présenter ou demander à participer à un jeu. Et bien sûr, si tu as encore besoin de moi, pense à moi, et je viendrai t'aider."

Comme à son habitude, Rosie a disparu dans une flopée d'étincelles chatouillantes.

Quelques jours plus tard, à la cantine, j'ai vu un garçon assis seul en train de lire un livre sur les drapeaux. Je voulais aller lui dire que moi aussi j'aimais les drapeaux. Mais j'avais peur. Et si jamais il ne voulait pas me parler ? Je me suis alors souvenue de ce que Rosie m'avait enseigné.

J'ai fermé les yeux et je me suis imaginée à l'intérieur de la bulle de bravoure. J'ai compté jusqu'à trois et j'ai rouvert les yeux. Puis je me suis dirigée vers le garçon, tandis que mon cœur battait à l'intérieur de ma poitrine comme un tambour.

"Salut, je m'appelle Olivia. Je peux m'asseoir à côté de toi ?" ai-je demandé.

Il a levé les yeux, surpris, puis m'a souri. "Bien sûr," a-t-il répondu. "Moi, c'est Jaylen."

"J'adore dessiner les drapeaux. C'est mon activité préférée," ai-je dit.

"C'est vrai ? Moi, j'aime lire leur histoire. C'est mon activité préférée," a-t-il répondu.

Nous avons déjeuné ensemble et discuté de notre passion commune pour les drapeaux. Il aimait en savoir plus à leurs sujets et moi j'aimais les dessiner. Je me suis fait un nouvel ami à l'école !

Alors que je rejoignais ma classe avec mes dessins de drapeaux, Rosie est apparue dans une flopée d'étincelles chatoyantes.

"Bravo, Olivia ! Je suis fière de toi ! Tu t'es fait un nouvel ami toute seule. Tu n'as pas eu besoin de mon aide. Tu t'es souvenue de fermer les yeux, tu t'es imaginée dans une bulle de bravoure, tu as compté jusqu'à trois et tu as ouvert les yeux. Tu as aussi pensé à te présenter et à demander le nom de ton camarade."

J'ai souri à Rosie. Elle m'avait aidée à faire preuve de courage et à avoir confiance en moi. Grâce à elle, je m'étais fait deux nouveaux amis.

Rosie m'a soufflé un bisou avant de disparaître comme à son habitude dans sa fantastique flopée d'étincelles chatoyantes, mais je savais qu'on se reverrait très bientôt.

Jour après jour, avec l'aide de Rosie, j'ai continué à me faire de nouveaux amis. J'ai appris qu'il était normal d'avoir peur, mais qu'il était aussi important d'oser. Rosie m'a aidée à trouver la force et le courage dont j'avais besoin.

Maintenant, quand je vois des enfants jouer, je n'ai plus peur. Je sais que je peux aller à leur rencontre, me présenter et leur demander leur nom. Je peux inviter de nouveaux amis ou de nouvelles amies à jouer avec moi ou leur demander si je peux me joindre à eux ou à elles.

J'ai appris que se faire des amis peut être un peu effrayant parfois, mais je suis courageuse et rien ne m'est impossible !

Je suis toujours Olivia, l'amoureuse des chats, la passionnée du comptage et l'artiste experte en drapeaux ! Mais je suis aussi Olivia-la-courageuse qui se fait des ami.e.s sans soucis !

Regardez votre enfant s'épanouir avec notre collection de livres mettant en scène les Bloom Buddies.

Pour en savoir plus sur les histoires, les produits Bloom Buddies et les ressources pour les soignants, visitez notre site web.

www.mydailybloom.com

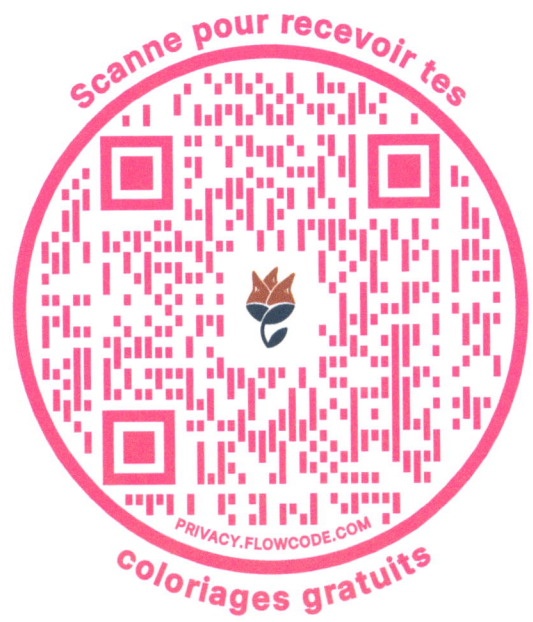

Scanne pour recevoir tes

PRIVACY.FLOWCODE.COM

coloriages gratuits

À propos de l'auteure

Grace Ledden, MA, BCBA, est une analyste du comportement certifiée par le conseil d'administration, spécialisée dans la création d'un soutien et d'un traitement individualisés pour les jeunes enfants diagnostiqués autistes et leurs familles. Elle est titulaire d'une maîtrise en analyse comportementale appliquée, avec une spécialisation dans l'autisme. La volonté de Grace est de créer des supports visuels et des outils qui aideront les jeunes enfants et leurs familles à naviguer dans leur monde et à mener une vie plus épanouie. Grace s'efforce de participer à la création d'un monde qui est plus inclusif, accueillant et compréhensif de la neurodiversité.

Merci d'avoir choisi de partager avec votre enfant "Regarde-moi m'épanouir quand je me fais de nouveaux amis".

J'ai conçu cette collection dans le but de proposer à nos jeunes lecteurs et lectrices un miroir reflétant leurs expériences et leurs sentiments, tout en leur offrant des stratégies et des techniques concrètes. En comprenant, en gérant et en exprimant leurs émotions et sentiments, ils seront plus à même de construire une base de résilience émotionnelle et de conscience de soi.

Cette histoire a été inspirée par le courage discret que j'ai perçu chez de nombreux enfants, en particulier ceux atteints d'autisme. Grâce à l'extraordinaire apparition de Rosie dans les moments de doute d'Olivia, le petite fille trouve non seulement le courage d'approcher les personnes qui l'entourent, mais parvient aussi à se forger une bulle de bravoure qui lui permet de se faire de nouveaux ami.e.s.

À l'image des fleurs qui s'épanouissent grâce à l'attention qu'on leur prodigue et au soleil, les enfants grandissent grâce à la compréhension et à l'amitié. Joignons nos mains pour aider chaque enfant à cultiver un jardin riche en liens significatifs.

- Grace Ledden

Voici d'autres façons de t'épanouir
en te faisant de nouveaux amis

www.ingramcontent.com/pod-product-compliance
Lightning Source LLC
Chambersburg PA
CBHW041434120626
46547CB00002B/216